LA MALADIE DU SIÈCLE

OU LES SUITES FUNESTES DU

DÉCLASSEMENT SOCIAL

PAR

EMILE CROZAT, AVOCAT.

Quatrième Édition.

OUVRAGE ÉCRIT SOUS LES TRISTES INSPIRATIONS

d'un **avocat** sans cause, d'un **notaire** et d'un **avoué** sans clientèle, d'un **médecin** sans pratiques, d'un **négociant** sans capitaux, d'un **ouvrier** sans travail.

MÈRES, TREMBLEZ ; PÈRES, RÉFLÉCHISSEZ ;
HONNÊTES GENS, PROPAGEZ

J'irai vous chercher dans vos cabinets, à votre comptoir, dans vos salons, à votre atelier. A toute force, il me faut

DES LECTEURS ET DES AIDES.

Prix 75 centimes l'exemplaire ; 6 francs la douzaine.

BORDEAUX
Imprimerie de A.-R. CHAYNES, rue Montméjan, 7

1856

LA MALADIE DU SIÈCLE

OU LES SUITES FUNESTES

DU DÉCLASSEMENT SOCIAL

PAR

Emile CROZAT, AVOCAT.

Quatrième édition.

OUVRAGE ÉCRIT SOUS LES TRISTES INSPIRATIONS

d'un avocat sans cause, d'un notaire et d'un avoué sans clientèle,
d'un médecin sans pratiques, d'un négociant sans capitaux,
d'un ouvrier sans travail.

MÈRES, TREMBLEZ ; PÈRES, RÉFLÉCHISSEZ ;
HONNÊTES GENS, PROPAGEZ.

J'irai vous chercher dans vos cabinets, à votre comptoir, dans vos salons,
à votre atelier. A toute force, il me faut
DES LECTEURS ET DES AIDES.

CHAPITRE PREMIER.

Je n'ai pas la prétention avec ce livre d'arrêter le débordement, mais je serais heureux si je contribuais à refouler l'inondation de quelques centimètres. En secondant mes efforts, vous ferez peut-être acte de *civisme.* AIDEZ-MOI donc à montrer la bonne route à tant de pauvres voyageurs égarés parmi les labyrinthes inextricables de ce monde. Aux séduisantes illusions d'une *existence imaginaire,* opposez, il le faut, les désenchantements pénibles, mais quelquefois salutaires de la *vie réelle.*

PÈRES DE FAMILLE, MAITRES ET MAITRESSES, ô vous tous, en un mot, qui avez charge d'âme ici-bas, PROPAGEZ ce livre, PRENEZ-LE pour vos fils, vos serviteurs, vos employés, pour vous-mêmes. Et vous, pauvres TRAVAILLEURS, si votre état de gêne ne vous permet pas de le garder, ne me le rendez qu'après l'avoir lu, je serai assez récompensé si j'apprends que cette lecture a profité à quelques-uns d'entre vous.

Ce que j'ai à dire est une *trivialité* pour tout le monde ; cependant le nombre de ceux qui osent se l'avouer est bien petit. La vanité du siècle l'emporte sur la crainte du danger, et d'ailleurs, chacun croit que *l'effrayante vérité* ne concerne que le voisin, et ne la prenant jamais pour soi, chacun se dit : Puisque le fils d'un COUTELIER est devenu MINISTRE, pourquoi le mien ne deviendrait-il pas médecin distingué, avocat célèbre ? Et à cette terrible loterie des ambitions où dix mille perdent pour un qui gagne, il n'y a pas un joueur qui ne pense mettre la main sur le bon numéro. Non, lecteur, ce que vous allez lire n'est pas nouveau pour vous ; oui, le gouffre béant du précipice vous apparaît dans toute sa hideur ; et cependant, poussé comme par une irrésistible fatalité, vous ne vous arrêtez pas !... Voilà pourquoi saisi d'une indicible pitié, je ne puis m'empêcher de vous crier à tue-tête : *Prenez garde, prenez garde !...*

La cause morale de cet inconcevable aveuglement gît peut-être dans les idées fausses que l'on s'est faites de l'inégalité des conditions. La religion ennoblit toutes les professions exercées avec probité ; la vanité humaine établit d'injurieuses distinctions. Qui est dans le vrai ?... Aux yeux de Dieu, le travail *intellectuel* est-il plus méritoire que le travail *matériel ?* La tête qui *pense*, le bras qui *exécute*, ne doivent-ils pas jouir de la même considération, puisqu'en définitive ils ne peuvent rien l'un sans l'autre ? Bref, n'ai-je pas raison de maintenir le proverbe trivial qui affirme qu'il N'Y A QUE DE SOTTES GENS ET PAS DE SOTS MÉTIERS, et d'ajouter que les divers degrés *d'honorabilité* dans les professions ne sont que des inventions de l'orgueil humain ; et que si Dieu regarde du même œil tous les *ouvriers* qui coopèrent à l'œuvre universelle, cela doit suffire au philosophe et au chrétien ?

Ce DÉCLASSEMENT général que chacun déplore en s'y laissant entraîner, a peut-être aussi sa cause matérielle dans une fausse appréciation de la somme de bonheur répartie aux divers degrés de l'échelle sociale. Le bonheur du riche est envié par le pauvre ; et cependant, je le demande sérieusement : à la ville, à la campagne, qui rit, qui chante ? est-ce le maître ou le bouvier ? la maîtresse ou la servante ? Si l'on jugeait de la cause par les effets, on serait tenté de croire qu'il y a plus de joie à la base qu'au sommet de l'édifice. Pourtant je ne conclurai pas ainsi ; et je me croirai dans le vrai en affirmant que le bonheur n'excepte que les malhonnêtes gens ; et que bien qu'il soit une plante délicate qui n'a jamais pu prendre racine dans ce monde, chacun peut se permettre d'en aspirer les doux parfums. Oui, on peut être heureux sous le chaume comme au palais ; le malheur ne frappe pas plus souvent au cinquième qu'au premier ; et le riche est quelquefois aussi péniblement affecté par le manque du superflu, que le pauvre par l'insuffisance du nécessaire : témoin cet Anglais qui se brûle la cervelle parce qu'il n'a plus que 25,000 livres de rentes. Vouloir donc *s'élever* pour arriver à une plus large part de bien-être et diminuer les chances malheureuses, c'est s'exposer bien souvent à chercher loin ce qu'on a près.

Toutefois, qu'on ne se méprenne pas sur la portée de mes paroles ; et qu'on ne crie pas de suite à *l'obscurantisme !* Ce que je viens de dire n'est pas destiné à fourvoyer les *ambitions légitimes* ; je soutiens seulement que si le *fruit de l'arbre de la science* est une nourriture céleste pour les uns, il est un poison pour les autres ; partant que toute main profane doit se garder d'y toucher ; et j'appelle main profane la main de toutes ces désespérantes médiocrités qui parviennent à étouffer le véritable talent, comme l'ivraie étouffe la plante qui produit le bon grain. Cette dernière restriction vous offusque-t-elle ? Eh bien ! j'irai jusqu'à vous accorder que l'homme doit plutôt tendre à *s'élever* qu'à *descendre* ; je lui recommanderai seulement les mêmes précautions qu'au voyageur qui explore les pics élevés du globe ; c'est-à-dire de n'aborder que les régions où l'air n'est pas trop subtil pour ses poumons, et les sentiers trop étroits pour ses pieds.

Je vais clore ce premier chapitre par l'apostrophe suivante :

« Concitoyens et frères, que la prétendue bassesse de votre condition ne soit jamais pour vous un prétexte de la quitter ; car en vérité, en vérité je vous le dis : CE N'EST PAS L'ÉTAT QUI DÉSHONORE L'HOMME, MAIS L'HOMME QUI DÉSHONORE L'ÉTAT.

» Concitoyens et frères, que l'attrait du prétendu bonheur des heureux du siècle ne vous séduise pas ; car en vérité, je vous l'assure :

> ...... Tout ne sourit pas, même au sublime faîte
> Des suprêmes grandeurs ;
> Et, comme leurs sujets, souvent peine secrète
> Atteint les empereurs.

CHAPITRE DEUXIÈME.

Arrivés au degré d'instruction nécessaire pour se conduire dans la vie, le père de famille engagera-t-il ses enfants à pousser plus loin ? Voilà la difficulté ! Difficulté terrible s'il en fut jamais ! Pour moi qui sans être riche ne suis pas tout à fait pauvre, je vous affirme bien que les miens ont plus de chances de visiter les écoles d'agriculture que les écoles de droit ; et cependant je suis avocat.

Ah ! pères bénins, mères candides, c'étaient de bien beaux jours que ceux où vos enfants déposaient annuellement sur vos genoux leurs couronnes universitaires !... A quels beaux rêves d'avenir ne vous abandonniez-vous pas ? Mais hélas !... depuis une cruelle expérience est venue vous l'apprendre : il n'y a que deux carrières qui assurent du pain à ceux qui s'y engagent, et tout le monde n'a pas assez de résignation pour être prêtre, assez de cœur pour être soldat !... Alors et au milieu de cette effroyable affluence qui obstrue l'avenue de toutes les carrières, que deviendront vos fils ? Ce qu'ils deviendront !.. Question tardive, parents infortunés ! question tardive à laquelle j'aurai la cruauté de répondre, ne serait-ce que pour effrayer ceux qui seraient tentés de vous imiter. Ce qu'ils deviendront ? et que voulez-vous qu'ils deviennent avec toutes les habitudes et les prétentions du riche, et les ressources bornées du pauvre pour les satisfaire ? que voulez-vous qu'ils deviennent avec leur inaptitude au travail dont vous les avez déshabitués, quand le travail seul assure du pain ? Que voulez-vous qu'ils deviennent quand la demi-aune de leur cadet, l'habit de bure de leur aîné les rend tout cramoisis de honte ? quand les seules exigences du vestiaire absorbent plus qu'ils ne gagneront jamais ; quand la force toute matérielle du commissionnaire du coin rapporte plus que toutes les fleurs de rhétorique dont vous les avez chargés !... Ah! si vous pouviez revenir en arrière! Mais il n'est plus temps, car ils sont marqués du sceau de Dieu, ceux qui touchent témérairement au fruit de l'arbre de la science ! Une dernière fois donc, que voulez-vous qu'ils deviennent ? Eh bien! allez le demander aux greffes des tribunaux criminels, aux filets de Saint-Cloud, au marbre froid de la Morgue. Ah! pauvres parents, déjà vous me criez : grâce ; déjà vous me priez de ne pas poursuivre ; car chacune de mes paroles passe comme une lave ardente sur vos cœurs. Eh bien! soit ; adoucissons un peu le dénouement du drame : celui-ci, après avoir épuisé les vôtres, n'aura pour toute ressource que la chance dangereuse de se jeter à corps perdu dans les révolutions, ou d'aller souiller sa toge dans quelque ignoble bureau d'agent d'affaires ; celui-là remplira la quatrième page des journaux de la mauvaise odeur de ses oniétants, s'il ne va pas les étaler lui-même sur la place publique, au son du tamtam ou de la grosse-caisse. Parents infortunés qui rêvaient dans leur famille médecins distingués, avocats illustres, la misère a métamorphosé ces idoles de leurs cœurs en charlatants effrontés, en ignobles brocanteurs d'affaires. Oh ! ne vous récriez pas contre l'égoïsme de la société; elle n'est pas cause s'il y a autant d'avocats que de procès, de médecins que de malades, et plus de candidats que de places à donner.

Je suis tellement plein de mon sujet, que j'avais besoin de cette sortie à brûle-pourpoint pour me dégager un peu ; les idées m'arriveront maintenant plus calmes, mieux classées.

C'est donc décidé ; tu envoies ton aîné au collège ; tu placeras plus tard ton cadet dans une maison de commerce. Et toi, mon pauvre Jérôme, un petit grain d'ambition t'a aussi tourné la tête. Ton gros Pierre quitte sa Fanchonnette, et son troupeau, pour aller chercher fortune. Dieu vous bénisse, mes amis ; je souhaite que le proverbe : PIERRE QUI ROULE N'AMASSE PAS MOUSSE, ne vous concerne pas.

Dix ans se sont écoulés ! Dix ans de la vie d'un homme ! rien que cela !.... Ton aîné écorche admirablement bien quelques mots de grec et de latin, voire même d'anglais et d'italien ; il chante le dimanche au pupitre de la paroisse; sa mère en éclabousse les voisines de contentement. Que vas-tu faire maintenant de ce jeune phénomène ? un prêtre ! ce serait peut-être le meilleur parti ; eh bien ! quatre ans de plus pour la théologie, quatre et dix font quatorze. Quatorze ans de la vie d'un homme !... Mais le gaillard est bien pétulant pour un prêtre !.. et tu le sais, un mauvais médecin, un avocat indigne échappent quelquefois au mépris public, un mauvais prêtre, jamais. Je te comprends, ni médecin, ni prêtre ! mais avocat, oui avocat ; c'est la profession par excellence, elle conduit à tout. Eh bien ! dix et trois d'école de droit font treize ; dix pour atteindre la clientèle, vingt-trois; vingt pour faire fortune, quarante-trois, et quinze qu'il en avait déjà, cinquante-huit. A cinquante-huit ans il sera RICHE, et toi que seras-tu ?

Permets-moi de te raconter l'histoire d'un ami que nous désignerons par l'initiale B...; car son secret ne m'appartient pas.

Si jamais organisation puissante et riche s'échappa des mains de la nature, c'est à coup sûr la sienne. Ses débuts éblouirent la magistrature, étonnèrent le barreau. Je veux que ce soit un jour le cas de ton fils. Mais avant de te bercer de folles espérances, n'oublie pas que toute médaille a son revers. Ses rivaux ne pouvant le tuer à coup d'épée, l'assassinèrent à coup d'épingle. Vainement fut-il soutenu et encouragé par ceux de ses confrères qui avaient du talent et du cœur : il fallut succomber. *D'où vient-il ? qui est-il ?* A toutes ces questions écrasantes, dans les petites villes surtout, je ne sais qui répondit : c'est un *aventurier.* Ce mot fut pour B..., le dernier coup de boutoir ; les avoués lui fermèrent la porte ; les huissiers ne ré-

pondirent à ses avances que par quelques misérables et ridicu-
les causes de justice de paix.

Pouvait-il dire à ses ennemis : Je ne suis pas un aventurier;
mon père est depuis longues années maître-bottier, à C...
Ne lui aurait-on pas répliqué : Cher et honoré confrère, faites-
le venir ici; à votre considération, nous lui donnerons nos
bottes à raccommoder. Le sang empourpre ta figure !... cher
ami, rassure-toi, un avocat est trop bien élevé pour dire ces
choses-là en face; il se contentera de les persifler par derrière,
et à l'arme du ridicule, tu sais que rien ne résiste en France.

Cependant, les parents de B... qui s'imaginaient qu'avec un
diplôme d'avocat leur fils devait avoir une fortune faite, s'é-
tonnaient d'être obligés de fournir encore; le pauvre jeune
homme tenta un effort suprême : il se constitua le défenseur
gratuit de tous ceux qui n'avaient pas de quoi se faire dé-
fendre. Aujourd'hui que le crime est descendu si bas, il n'aurait pas manqué de clientèle, et partant d'occasion de se faire
connaître; mais sa bourse était bien petite, et il y avait alors
un geôlier qui vendait aux jeunes débutants l'honneur de dé-
fendre les criminels de bas étage.

Le conseil de discipline et le parquet s'efforcèrent d'extirper
ce genre d'abus, et d'autres bien plus criants encore, comme
celui de partager les honoraires avec les guichetiers; mais la
position de notre ami ne devint pas meilleure. Lorsque cette
clientèle ne fut plus à la disposition d'un geôlier, d'un porte-clef,
on assiéga le président des assises qui, cédant quelquefois à trop de
bienveillance pour la jeunesse, remettait souvent au premier
venu le sort des causes les plus graves. D'ailleurs, presque toujours
en concurrence avec des fils de magistrat influent, d'avocat
bien posé, qui eux aussi brûlaient du désir de se faire connaître,
B... ne parvint pendant six ans à plaider que quelques vols
de pommes de terre. Ainsi s'évanouit la clientèle *directe* qu'il
avait rêvée. 1848 arriva; pour une âme ardente, exaspérée, l'é-
cueil était inévitable. B... d'avocat se fit tribun; il expierait encore
cette faute aujourd'hui, si un de ses amis devenu ministre
n'avait obtenu sa grâce. B... avait un cœur droit et de la phi-
losophie; il a évité le bureau d'agent d'affaires et les mariages

honteux ; il s'est fait maître d'école, et cette profession, si humble qu'elle soit, lui a rendu la paix de l'âme et la santé du corps.

Je vais au devant d'une objection que tu ne manquerais pas de m'adresser. Au lieu de se faire clubiste, démagogue, puisque le barreau le repoussait, que ne tendait-il les bras à la magistrature? Pauvre niais ! mais avant de penser à lui, la magistrature n'avait-elle pas à pourvoir ses fils, ses neveux, ses parents de toute espèce?

Garde-toi de crier à l'injustice, au *népotisme* ; à la place de ces messieurs tu agirais de même. D'ailleurs, je te le dirai, au risque d'être traité *d'aristo* : à la tête du pouvoir, je choisirais toujours, à mérite égal, le candidat le plus riche, parce que dans des places aussi modestement rétribuées que celles de la magistrature, les chances de corruption diminuent en raison de la fortune. Un autre motif m'y engagerait encore: sans vouloir ressusciter le principe de l'hérédité des charges, je suis porté à croire que les traditions de famille influent un peu sur notre conduite, et que le fils du magistrat est entraîné à imiter le modèle d'intégrité qu'il a tous les jours sous les yeux : *noblesse oblige*. Voilà la raison secrète de tant de nominations qui font jeter les hauts cris. Par une sorte de concession forcée à l'esprit du temps, les gouvernements sages n'osent pas proclamer le principe ; mais ils en appliquent les conséquences. Je suis bien décourageant, n'est-ce pas? Je n'ai pas tout dit, autre paradoxe ! J'ai l'audace d'ajouter qu'il n'y a que les fils d'avocat, d'avoués, d'huissier quelquefois, je ne dirai pas qui méritent de réussir, mais qui aient quelques chances de réussite au barreau. Pourquoi cela ? parce que l'huissier, l'avoué, l'avocat donneront naturellement les causes à leurs enfants, à leurs neveux, à la parenté la plus éloignée, pour se conformer au précepte qui dit : *Charité bien ordonnée commence par les siens.*

Dernière considération : je suppose que ton fils parvienne à s'emparer du premier rôle. Dans les grandes villes où les talents affluent, il vivra en proie à la crainte journalière d'être supplanté. Dans les villes secondaires, il ne fera que vivoter ; car

aujourd'hui que les masses y voient clair, que les lois se sim-
plifient, les procès diminuent, et comme les dieux anciens LES
AVOCATS S'EN VONT. Pour t'en convaincre, prends un tableau
d'avocats composé de cent membres, et note à l'encre bleue
le nom de ceux qui plaident; formeront-ils un cinquième?
A moins que tu n'appeles plaider, paraître *fortuitement* devant
un tribunal une ou deux fois par mois. Oui, faute de procès, les
avocats s'en vont. Le cabinet du notaire devient de jour en jour
le tribunal des gens sensés. Mais à propos de notaire, si tu
achetais une étude à ton fils!.... Pardon, mon ami, pardon, j'oubliais que tu as diablement écorné ta petite fortune
pour le pousser jusqu'au grade de bachelier ès-lettres; et les
offices coûtent si cher... Bah! achète toujours, la dot de
quelque riche héritière paiera cela. On a vu des bergères
épouser des rois; un notaire, un avoué peuvent bien épouser
la fille d'un riche épicier, voire même d'un honnête fripier et
tant d'autres, pourvu qu'ils ne soient pas trop difficiles sur les
antécédents et qu'une nuée de fils de famille ruinés ne leur
coupe pas l'herbe sous les pieds; bon, le voilà marié. La dot de
sa femme le rend *définitivement* notaire, avoué; mais comprime
encore quelque temps ta joie... Le public est si bizarre... Si
la figure de ton fils ne convenait pas aussi bien aux *clients
vendus* que celle de son prédécesseur... les pigeons délogeraient
du colombier, et la dot de ta bru n'aurait servi qu'à l'achat
de quelques dossiers poudreux qui ne tenteraient guère ceux
à qui on voudrait revendre. ....
    Réflexion subsidiaire. Un avocat coûte par le plus petit bout
vingt à vingt-cinq mille francs. Si tu les avais aujourd'hui, avec
cette somme ton fils en épouserait une pareille, et avec cin-
quante mille francs on peut se permettre quelques demi-tasses;
que de gens qui se les permettent avec moins! Avocat, ton fils
parviendra-t-il jamais à gagner cette somme? A moins que par
l'entremise de Mme Saint-Mari et de M. Villiaume il ne
réussisse à s'unir conjugalement avec l'opulente *irlandaise*
dont le portrait ornait il y a vingt ans l'échoppe de tous les sa-
vetiers! Physiquement parlant, ce mariage est peut-être impos-
sible; moralement, la soif de l'or peut y conduire. La femme

de ton fils ainsi marié n'aurait peut-être pas la tête de l'animal immonde que je ne nommerai pas, mais elle pourrait en avoir les antécédents, les instincts et les habitudes. Oh ! tu ne m'écoutes plus, je te fatigue même. Eh bien marche, marche !.. que dis-je ? arrête-toi, et voyons si ta femme, avec son cœur de mère, flairera mieux le danger. Ce n'est plus dans un collége, dans un pensionnat que tu vas envoyer ton fils... ton fils parvenu à l'âge où le sang bouillonne, où les passions débordent, mais au milieu de la corruption d'une grande ville. Avant d'arriver au port ne fera-t-il pas naufrage dans cet océan de boue ?... A l'âge où les enfants ne courent d'autre danger que celui de jouer à l'école buissonnière, on les enferme ; à l'âge où ils rêvent espiègleries bien autrement dangereuse, on leur donne la clé de la rue. A vingt ans, *l'étudiant* ecclésiastique trouve au grand séminaire un refuge contre les dangers du monde ; voilà qui est logique. A la même époque, l'étudiant en droit n'a pour s'abriter contre les mêmes dangers que *l'hôtel garni* dont le *réfectoire* est un *restaurant* et la *salle de récréation* un *estaminet*. Et dire que l'idée d'un grand séminaire *séculier* pour les étudiants de toute espèce n'est jamais venue à nos législateurs !... Ils sont pourtant pères de familles ! Il faut, me dira-t-on, que nos enfants complètent leur éducation par l'expérience du monde ? Belle expérience, ma foi ! que celle qu'ils acquerront aux pieds d'une lorette surannée ou dans la société de vieux carabins noircis par le tabac, brûlés par l'eau-de-vie ! Tous les étudiants ne font pas leur cours de droit à l'estaminet, à la Chaumière ; les *piocheurs* arrivent de Paris et d'ailleurs, la tête remplie d'aphorismes ébourrifants, de sentences prétentieuses, et avec ce bagage, nos jeunes Cujas en herbe viennent le plus souvent échouer en justice de paix contre la routine d'un pauvre clerc d'huissier. Trois ans de stage suffiront à peine à leur faire oublier ce qu'ils ont appris de trop. Pendant ces trois ans, leur esprit sera comme un cruchon de bière nouvelle qui jaillit en folle et inutile écume.

— Si je me suis longtemps arrêté sur la profession d'avocat, c'est à cause de l'engouement qu'elle inspire aux pères de famille, engouement que rien ne justifie, que l'expérience con-

damne. La carrière médicale me rendra moins bavard; la loqua-
cité doit être une maladie contagieuse, puisqu'en parlant des
avocats il n'a pas dépendu de moi d'être bref.

Je conclus : *le barreau est une carrière noble, mais plus honorifique que lucrative; une carrière qu'il est dangereux d'a-
border avec des besoins si l'on veut ne jamais s'écarter des
sentiers étroits de la dignité personnelle.*

Ce que j'ai dit jusqu'ici ne s'adresse qu'aux gens d'honneur
et de délicatesse; quant à ceux à qui il est indifférent que
leurs enfants arrivent PER FAS ET NEFAS, je n'ai pas de conseil à leur donner.

CHAPITRE TROISIÈME.

L'avocat qui ne réussit pas peut devenir n'importe quoi :
magistrat, administrateur, avoué, notaire, huissier, même
commissaire de police en désespoir de cause; le médecin ne
peut guère être que médecin. Et que de difficultés morales et
matérielles pour arriver à ce grade !

Il est avéré qu'on ne sort du collége qu'avec une connaissance très superficielle des langues anciennes; et que la
qualification d'ânes *chargés* de latin convient à très peu de
personnes; et pourtant, s'il ne possède pas à fond le grec surtout, que deviendra le pauvre étudiant en médecine ? Tous les
termes que la science emploie seront de l'hébreu pour lui;
avant d'aborder les *choses*, il sera obligé de se livrer à une
longue et pénible étude des *mots*. Le professeur marchera
toujours, sans s'inquiéter si l'élève est capable de le suivre.

Lecteur, je veux que ton fils connaisse le latin comme Ci-
céron et le grec comme Démosthènes; il lui faudra, nonobs-
tant cela, vaincre des difficultés bien autrement sérieuses que
celles qui arrêtent l'étudiant en droit. Quelques notions de
physique et de chimie suffisent à ce dernier; l'étudiant en médecine devra posséder à fond ces deux branches des connais-
sances humaines. En *droit*, beaucoup de choses se devinent; en

médecine il faut tout étudier, tout apprendre ; et la patience d'un bénédictin de Saint-Maur est un phénomène bien rare aujourd'hui, à vingt ans surtout. Qui vous dit, d'ailleurs, que l'organisation intellectuelle de vos enfants pourra digérer cette énorme quantité de nourriture, et qu'ils ne seront pas plus sots après avoir appris qu'avant d'apprendre ? Si la science agrandit quelques esprits, elle en fausse mille ; et y a-t-il rien de plus insupportable et de plus nuisible au monde que les savants qui ont l'esprit faux ?...

Autre considération qui n'est pas à dédaigner pères de famille qui tenez surtout à ce que vos enfants conservent les principes religieux qu'ils ont sucés avec le lait maternel : sachez que si les sciences physiques rapprochent de Dieu les têtes bien organisées, elles conduisent *quelquefois* les esprits faibles au matérialisme. Je dis *quelquefois*, parce que je ne partage pas l'opinion de certaines gens qui soutiennent que la Faculté accepte nos enfants pieux et croyants pour nous les renvoyer athées.

Dans la carrière médicale, les difficultés matérielles ne sont pas moins grandes sous le rapport pécuniaire surtout. D'abord, études plus longues, examens nombreux et ruineux par les sommes énormes qu'ils coûtent, et après toutes ces dépenses, souvent, bien souvent, dans l'intérêt de la science et de l'humanité, refus de diplôme pour cause d'incapacité. Lecteurs, vos fils n'appartiendront pas sans doute à cette dernière catégorie. Ils vous arriveront *tôt ou tard* avec le titre de docteur, étayé d'un coûteux, mais excellent diplôme. Vous avez semé pendant quinze ou vingt ans, vous allez récolter... beaucoup d'honneur, c'est possible, de l'argent bien peu. Avant que votre fils rentre dans vos déboursés, il se fera tard pour vous et peut-être pour lui ; car votre semence est tombée sur un champ qui ne rend pas au centuple.

Le médecin de Molière n'existe plus ; le médecin d'aujourd'hui, à quelques exceptions près, est un homme honorable, désintéressé, qui réduit dans la pratique la médecine à bien peu de chose. Les pharmaciens vous diraient un mot là-dessus ; les mille ingrédients de la médecine d'autrefois n'apparaissent guère que dans le laboratoire du chimiste. Quelques précautions d'hygiène, quelques actes de chirurgie, voilà la médecine du jour. La médecin n'essaie plus de dérober à Dieu le secret de Prométhée ; il se reconnaît impuissant en face de la plupart des infirmités humaines. Lorsqu'il croit voir le moyen de soulager, *il essaie;* lorsqu'il ne le voit pas, *il console;* connaissant mieux le jeu de l'organisation humaine, il croit à l'influence de l'âme sur le corps, et en tranquillisant l'un, il parvient souvent à guérir l'autre. Je ne crois guère à la médecine, et pourtant à mon chevet un médecin me fait toujours plaisir. Cela posé, et puisque la médecine se réduit à bien peu de choses que personne n'ignore, il n'y a guère plus que les petites maîtresses qui appellent le médecin pour une migraine. L'exercice de la médecine se restreint tous les jours ; et par la sotte vanité des pères de famille, comme celui des avocats, le nombre des médecins augmente ! Aussi arrive-t-il que la plupart a le temps d'oublier avant de mettre en pratique. Lecteur, je veux toujours faire en votre faveur les suppositions les plus encourageantes. Je veux que votre fils soit le plus recherché dans les cas rares qui se présentent. La rétribution des soins qu'il se donnera le conduira-t-elle à la *fortuna* ? à cette fortune que tout le monde rêve aujourd'hui ? j'en doute. J'oserais presque le nier si je ne regardais comme chose cruelle de vous arracher votre dernière illusion.

Rien de changeant comme la clientèle d'un médecin !... Qu'un étranger précédé de quelques réclames arrive dans une ville secondaire surtout, tout le monde se jette chez lui, ouvertement ou secrètement. Tout le monde veut en goûter. N'aurait-il que du savoir-faire? voilà ton fils supplanté. *Sic transit gloria mundi.*

Rien de plus ingrat qu'un convalescent ! On donnerait sa fortune pour guérir, on ne donnerait pas un sou lorsqu'on est guéri.

Rien de plus injuste que le public ! Si le malade échappe à son mal, le médecin n'y est pour rien; s'il meurt, le médecin l'a tué.

L'avocat peut échouer une première fois; on attribuera sa

mésaventure à *l'émotion inséparable d'un premier début ;* si le médecin se trompe ou si l'on croit qu'il s'est trompé, ce qui revient au même, il est *toisé*, il peut changer de ville ; car dans la ville qu'il quitte on ne lui confierait pas une patte de chat à redresser. Depuis vingt ans, un de mes amis jouissait d'une confiance justement méritée ; on le fit appeler auprès de l'évêque qui se mourait ; il était trop tard ; et cependant la mort du prélat lui fut attribuée, et aujourd'hui mon ami n'est guère chargé que du soin de se guérir lui-même et votre ser-viteur. Jeunes débutants, gardez-vous de rechercher une clien-tèle trop en évidence !

Les plus grands ennemis du vrai médecin sont les charla-tans, non ceux de la foire, mais ceux qui comptent moins sur leur SAVOIR que sur leur SAVOIR-FAIRE. Il ne faut pas confon-dre ces derniers avec les empiriques qui battent la grosse-caisse à la quatrième page des journaux ; ils sont bien plus dange-reux, car ils parviennent quelquefois à filouter une confiance qu'ils sont loin de mériter. On peut les reconnaître à certains signes : d'abord à leurs visites multipliées dans les cas les moins graves, aux surcharges pharmaceutiques de leurs ordonnances, car le pharmacien auquel ils vous adressent leur donne tant pour cent sur le prix des drogues qu'ils prescrivent. Excellent docteur, malgré les souffles jaloux qui peuvent faire sombrer ta clientèle, j'admets qu'elle te reste fidèle. Crois-tu qu'il sera bien facile d'arriver à une juste rémunération des soins que tu te donneras ? D'abord, dans une petite ville, si tu demandes avant trois ou quatre ans le prix de tes honoraires, tu n'es qu'un cuistre, un va-nu-pieds qui a besoin de cela pour vi-vre. Après avoir épuisé toutes les ressources de tes parents pour obtenir ton diplôme, s'il te faut attendre encore trois ou quatre ans pour récolter, je te plains, car je crains bien que tu ne sois obligé de montrer la corde, et si tu la montres, gare à toi.

Garde-toi surtout de réclamer tes honoraires par voie d'huis-sier ; je connais la noblesse de tes sentiments, le *demandeur* serait plus péniblement affecté que le *défendeur.* Cependant si tous les moyens coërcitifs te manquent, les plus riches te paie-

roît en poignées de main, en saluts protecteurs, en invita-
tions à dîner; les moyennes fortunes, avec ces mots sans cesse
répétés : on y passera. Compte là-dessus pour vivre et pour
rentrer dans les vingt-cinq ou trente mille francs que tu auras
dépensés pour obtenir ton diplôme, payer ta trousse et les
livres indispensables à l'exercice de ta profession.

Mères, qui tremblez si souvent pour le bien-être et les jours
de vos enfants, savez-vous ce que c'est que la vie d'un médecin ?... Un sacrifice perpétuel, une abnégation continuelle, une
interminable série de fatigues et de dangers! Gagner vingt et ne
toucher que cinq, semer les actes de courage et passer inaperçu;
nuit et jour sur le QUI-VIVE comme la sentinelle perdue, n'être arrêté ni par la hideur des plaies, le contact des maladies mortelles,
les miasmes de l'air corrompu, mourir cent fois par jour en voyant
mourir les autres ; voilà qui est beau, sublime, mais peu propre à rassurer vos cœurs maternels. Que la justice de Dieu
souffle un fléau terrible sur la vie des peuples : où vous aurez
dix chances de mort, vos enfants en auront mille.

Vous sacrifiez beaucoup pour les soustraire à 20 ans aux ra-
vages des boulets et des balles, et à 25, vous n'hésitez pas
à les jeter pour le reste de leurs jours au milieu de la conta-
gion qui brûle, de l'épidémie qui dévore. Ainsi va le monde :
on évite Charybde pour affronter Scylla.

Comme pour le barreau, je conclus que la médecine est une
carrière noble et belle, mais plus honorifique que lucrative, une
carrière qu'il est dangereux d'aborder avec des besoins, si l'on
veut ne jamais s'écarter des sentiers étroits de la dignité personnelle.

CHAPITRE QUATRIÈME.

Puisque je restreins ainsi le nombre des élus au barreau et
dans la médecine, que deviendront tous les pauvres échappés
du collège? La question me paraît difficile à résoudre. On sort
des écoles primaires avec quelques notions utiles, une ambition

modérée qui ne vous lance pas au-delà du but. On quitte le lycée avec une outrecuidance de prétentions incroyables, s'estimant propre à tout, et *n'étant propre à rien*, ou du moins à très peu de choses. Un esprit qui a vagabondé pendant dix ans parmi les fleurs de rhétorique, ne se plie qu'après de longs efforts à l'aride positivisme des affaires.

Tous les parents n'ont pas, il est vrai, la prétention de faire de leurs enfants des médecins, des avocats; dans les classes inférieures, surtout, le point de mire le plus couru est le sacerdoce. Là, je suis obligé d'en convenir, on a toujours trouvé jusqu'ici du pain et de la considération; mais qui vous assure qu'après 15 ans de sacrifices, la vocation se prononcera pour cette sainte carrière?... Et si *l'abbé se défroque*, avec le mauvais vernis qui rejaillira sur son inconstance, que deviendra le pauvre *défroqué*?

Homme de lettres?... Ah! pauvre insensé! Je ne te parlerai pas ici de la triste destinée des Gilbert et des Malfilatre : ce serait du ressassé; je te renverrai à la lecture du *Grand homme de province à Paris*, par Balzac, et j'ajouterai que le moindre risque que tu cours, dénué de fonds pour payer la réclame, est celui d'aller vendre toi-même, pour ne pas mourir de faim, tes œuvres à domicile à des gens qui souvent provoqueront sur ton front une sueur semblable à celle du Jardin des Olives, car le vendeur de choses matérielles, palpables, s'appelle négociant en grosses lettres, tandis que celui qui *n'offre* que des pensées est quelquefois stigmatisé du nom de... il m'en coûterait trop d'écrire le mot.

Employé dans quelque administration?... Mais dans les carrières salariées, le personnel est limité; pour une place qui vaque, il y a cent candidats qui postulent; et l'humble position de tes parents te permettra-t-elle de compter assez sur l'efficacité des protections pour devenir le bienheureux élu?

Professeur, maitre d'école?... Mais ces derniers sont aussi nombreux que les élèves qu'ils poursuivent, et ce qu'ils gagnent est si peu de chose!...

En désespoir de cause, marchand, ouvrier, laboureur!... Après quinze ans d'études, revenir au *village* pour y semer de l'orge et de l'avoine; dans sa *rue* pour y reprendre la lime et le rabot; dans son *quartier* pour y détailler le poivre et la cannelle!... Ah! plutôt mourir!...

Mais la grande ville ouvre à notre jeune désespéré ses gouffres insatiables. Là, du moins, inconnu de tout le monde, il pourra essayer de tout, même de la profession de courtier à domicile, de comédien ambulant, d'arracheur de dents, d'extirpateur de cors, jusqu'à ce que brisé, moulu au moral et au physique, il en soit réduit à ce qu'on appelle en argot littéraire *piquer* une tête dans la rivière.

Pauvres écoliers! quand j'y songe, votre destinée me brise le cœur!

Une dernière ressource vous reste; hâtez-vous de vous y cramponner. Dans l'*état militaire*, il y a toujours du pain, un fusil, une giberne, et de la gloire pour ceux qui, à votre âge, n'ont ni moyens d'existence, ni profession, ni métier. Pour en arriver là, hélas! était-il nécessaire de s'acharner pendant dix ans à l'étude de théories sans résultat pratique, de langues qu'on ne parlera jamais?

Lecteur, si tu es assez riche, tu te consoleras facilement de la non-réussite de ton fils, car celui qui n'a pu être ni avocat, ni médecin peut devenir un intelligent agronome, un habile négociant. Ah! mon cher, méfie-toi de ceux qui ont étudié l'agriculture dans Virgile, la comptabilité dans les colléges!.. Incapables la plupart du temps de distinguer l'orge de l'avoine, la pomme de terre du topinambour, et de régler le compte de leur blanchisseuse, ils se livreront à de ruineuses expériences, à d'aventureuses spéculations qui feront rire le paysan, hausser les épaules du négociant. Si tu leur avais donné une éducation plus solide, moins impertinente, aujourd'hui ils te seconderaient dans la gestion de tes biens, dans l'administration de tes affaires. Le découragement, le dégoût les plongeront dans une apathie qui dégénérera en paresse incurable, et pour conserver cette fortune qui t'a coûté tant de peines et de soins, tu n'auras qu'un *flâneur*, un *pilier d'estaminet*!...

C'est dans un de ces établissements publics, où une jeunesse déplorable, un âge mûr fatigué, une vieillesse désespérée donnent à tous les ressorts de la vie une tension si forte que la corde rompt presque toujours avant le temps, que ton fils passera sa vie inutile à sa famille, insupportable à lui-même et à tout le monde. A la porte de ces établissements, une odeur âcre, nauséabonde vous saisit d'abord à la gorge, et vous ne concevez pas comment, par un beau soleil de printemps, une belle soirée d'été, des hommes libres de leurs actions se condamnent à vivre au milieu de cette tabagie. Écoutez ces conversations hasardées ou insignifiantes, ces propos sans but où le petit mot pour rire de nos aïeux ne se retrouve jamais. Voyez cette joie stridente et forcée!... on dirait que tous les plaisirs de la vie résident pour ces malheureux au fond d'un verre de liqueur ou dans la manipulation monotone et souvent frauduleuse d'un jeu de cartes.

A Dieu ne plaise que je proscrive les délassements nécessaires, les distractions honnêtes!... Mais est-ce à dire pour cela que nous devions abréger nos jours, déjà si courts, par l'usage immodéré de tout ce que la sophistication la plus éhontée nous présente de poisons perfides? Les Chinois ne sont-ils pas plus rationnels que nous avec leur opium? Nos spiritueux, nos stimulants nous tuent d'une manière aussi prompte; la seule différence qu'il y ait entre ces diverses drogues, c'est que les unes plongent la paresse orientale dans des extases ravissantes, tandis que les autres inclinent nos fronts sous le poids d'un abrutissement pénible et fiévreux dont les apoplexies foudroyantes sont le dénouement. N'est-ce pas dans ces lieux que j'appellerais presque maudits que naissent ces incompréhensibles maladies, le désespoir éternel de la science, les gastrites, les gastralgies, la goutte, qui, comme autrefois, n'établit plus de distinction d'âge?

Ici le paresseux ne se fait tort qu'à lui-même. Que serait-ce si nous le suivions dans toutes les péripéties de sa vie de désœuvrement? Ah! comme il vous paraîtrait incontestable, cet adage aussi vieux que le monde, à savoir que l'oisiveté est la mère de tous les vices!

O paresse, ô paresse! quel que soit le nombre de tes adorateurs, qu'on chôme ton éternel dimanche sous le nom de *farniente* ou dans les tristes solennités de la débauche et du jeu, tu n'en es pas moins une déesse perfide qui nous berce dans les bras de l'ennui jusqu'à ce qu'un *spleen* effroyable nous précipite dans le gouffre du suicide.

CHAPITRE CINQUIÈME.

—

Je conçois qu'à l'exemple de nos premiers parents, on se laisse aller aux séductions, quelquefois irrésistibles, du fruit de l'arbre de la science; je conçois qu'on cède à cette soif de CONNAITRE, qui est un des nobles penchants de la nature humaine; qu'on soit entraîné par le beau côté des professions libérales; mais ce que je ne conçois pas, c'est que l'appât d'un gain chanceux nous porte à dédaigner des profits certains; ce que je ne conçois pas, c'est qu'un honnête propriétaire dont les terres, travaillées par des mains intéressées, rapporteraient plus que tous les commerces du monde, se décide à se priver de ses associés naturels et à confier la culture de son bien à des bras mercenaires. Tel est pourtant l'aveuglement du siècle. Il y a des gens bien plus fous encore, des gens qui échangent de gras pâturages, des champs infatigables, de belles et bonnes propriétés, enfin, contre les succès aléatoires d'une spéculation commerciale, la loterie frauduleuse d'une commandite.

Que les honnêtes commerçants me pardonnent de le dire : le commerce est un jeu effréné, une roulette effrayante qui en enrichit un pour en ruiner mille.

Procédons par des faits et non par des inductions.

Prenez note au 1er janvier de toutes les enseignes d'une rue et revenez-y au 31 décembre. Que sont devenus tous ceux dont les noms manquent à l'appel? Vous en retrouverez quelques-uns à la tête de cafés borgnes, d'échoppes d'écrivains publics, et quelquefois plus bas, si tant est que vous vous respectiez assez peu pour descendre plus bas. Voilà pour le petit commerce.

Revenez dans une ville après trois ou quatre ans d'absence. Où sont ces féériques magasins dont les éblouissantes devantures vous crevaient les yeux? Où sont le banquier, l'agent de change qui vous escomptaient vos valeurs? Tout ce monde a sans doute fait fortune. Seriez-vous assez niais pour le croire? Des crises commerciales sans cause connue, le souffle des révolutions, le déplacement des industries, la perfide, la hideuse banqueroute, comme l'appelait Mirabeau, ont balayé tout cet étalage; et en cherchant des remplaçants militaires pour vos enfants, vous êtes quelquefois étonné de reconnaître dans l'agent qui vous les fournit, *le négociant bien posé, l'industriel habile* à qui vous n'auriez pas hésité à confier toute votre fortune. Voilà pour le haut commerce.

Lorsque la prison, le bagne ne l'appréhendent pas au corps en chemin, le commerçant arrive de deux manières à ce degré d'abjection hideuse : par L'INAPTITUDE AUX AFFAIRES ET LE MANQUE DE FONDS.

Il y a un proverbe qui dit que pour *réussir dans le commerce, il faut y être né.* Ce proverbe ne ment pas. Avec ses habitudes paisibles, cauteleuses, le propriétaire connaîtra-t-il jamais l'art si difficile de *savoir perdre pour gagner? son activité industrielle* ne se ressentira-t-elle pas de la somnolence de sa vie antérieure, et sa *finesse commerciale* ne sera-t-elle pas quelquefois mise en défaut par d'intempestives réminiscences de sa bonhomie et de sa naïveté passées? et lui, si franc, si cordial, pourra-t-il se mettre en tête que dans la nouvelle carrière où il s'est engagé, devant, derrière, à droite, à gauche, il n'y a que des gens qui visent, non comme ses voisins d'autrefois à déplacer une borne de quelques centimètres, mais à le ruiner complètement? Et avec une opinion semblable des hommes, que devient alors la vie? une transe continuelle, une panique sans fin, un état de l'âme pareil à celui du voyageur qui attendrait la décision de son sort dans une caverne de voleurs... Cette dernière phrase m'échappe. Honnêtes commerçants, utiles industriels, ne la prenez pas pour vous; elle ne s'adresse qu'à ces vendeurs du temple que l'homme-Dieu ne craignit pas de chasser à coups de fouet. Malgré de nombreux scandales, inévitables dans les siècles de transformation sociale, je proclame le commerce français honorable et honnête; et je crois pouvoir assurer que les temps ne sont pas éloignés où il implorera du pouvoir d'énergiques mesures de répression contre les membres tarés qui lui attirent quelquefois de la part du public de si injustes appréciations.

Vouloir suppléer à l'absence du *capital* par l'*adresse* et l'*activité*, c'est s'exposer le plus souvent à recourir à ces expédients équivoques, à ces *crédits imaginaires*, à ces *manœuvres frauduleuses*, à ces *suppositions* de signatures qui vous jettent tôt ou tard sur les bancs de la police correctionnelle, sur la sellette de la cour d'assises. Un négociant sans argent est un corps sans âme, une âme s'agitant dans le vide. Cet axiome admis, n'allez pas cependant vous écrier comme Riquet : « Avec MONNAIE on arrive à tout. » Ce bizarre métal, quoiqu'il n'en ait pas la fluidité, est plus difficile à fixer dans la main que le mercure le plus subtil.

Pauvre travailleur, honnête artisan, à force de privations et de travail, tu es parvenu à ramasser une somme assez rondelette; ne serait-il pas temps de te reposer un peu?... Retire donc cette somme qui faisait la boule de neige à la caisse d'épargne, et lève une petite boutique... d'épicier?... Mais il y en a aux quatre coins de la rue, des épiciers!... de marchand de vin?... mais on voit des rameaux à toutes les portes! de... de... n'importe quoi! Le plus sot métier est quelquefois celui qui rapporte le plus : va donc pour le commerce. Dans quel quartier?... autre difficulté!... Oh! ma foi! puisque la vie de ce monde est une loterie perpétuelle, mettons hardiment la main dans le sac... j'apporte le n°... de la rue R... Va pour cette rue. — Monsieur le propriétaire, combien par an? — 600 fr. — Diable! c'est bien cher; rien que pour le loyer la moitié de mes économies!... et les marchandises maintenant?... bah!... qui ne hasarde rien n'a rien... Me voilà installé! — Une livre de sucre? — Voilà, voilà! — Tiens, je croyais avoir de la monnaie. — C'est bon, c'est bon, monsieur, ne vous gênez pas. — Deux livres de graisse?... — ma mie, vous êtes servie. — Mettez ça sur le compte de Madame. — Diable], si, ça continue, j'en *aurai lourd* pour faire honneur à mes échéances.

Au bout de six mois, un an, RINCÉ, comme on dirait en terme d'argot commercial. Au bout de dix mois, SOUFFLÉ le prix de dix, quinze ans de peines!...

— Ah! mon pauvre Jacques, me voilà ruiné.

— Ah! mon pauvre Pierre, je te le disais bien. Si tu avais laissé ton argent à la caisse d'épargne, ça ne serait pas arrivé.

— Je craignais de le voir disparaître dans quelque tempête révolutionnaire.

— Je ne suis pas si fort en politique, moi; quand je retirerai le mien, je le placerai sur un bon petit morceau de terre d'Auvergne que les voleurs n'emporteront pas.

Les classes inférieures, les classes intermédiaires surtout, se laissent égarer par de bien décevants mirages. On court après les *industries*; on dédaigne les *états* fixes. Faire des souliers, pétrir du pain, travailler le bois, battre l'enclume, voilà un ÉTAT. Vendre une chose, puis l'autre, tantôt du fil, tantôt des allumettes, n'est pas une profession. La vie stable et connue des premiers ne les laisse que rarement manquer de pain; la vie au jour le jour des autres les conduit à la misère; car lorsque l'expérience leur ouvre les yeux, ils sont trop vieux pour entrer en apprentissage.

Ouvriers prudents, honnêtes artisans, méfiez-vous des velléités commerciales de vos enfants : elles ne sont le plus souvent qu'un prétexte de paresse. Les petits commerces, les industries vagabondes sont la ressource de ceux qui n'ont jamais voulu rien faire, ou de ceux qui en savent trop pour être ouvrier, et pas assez pour être autre chose.

Concluons. La carrière commerciale est honorable, sans doute, mais périlleuse, difficile même pour ceux qui y sont nés.

Du matin au soir, on peut être ruiné.

Elle est pour les natures faibles la route la plus rapide pour arriver au déshonneur, à l'infâmie.

Elle ne conduit que très rarement à la fortune, même par l'emploi des moyens deshonnêtes.

Une concurrence implacable, déloyale, oblitère votre sens moral, paralyse votre probité, neutralise votre bonne conduite, annihile votre activité. Vous affamez votre voisin aujourd'hui; on vous rend la pareille demain, et dans le tort mutuel qu'on se fait, *personne ne gagne, tout le monde perd.*

Malgré cela, vous sentez-vous une irrésistible propension au commerce?... Exercez-le alors dans votre *village,* dans votre *ville,* dans votre *quartier.* Vous connaîtrez mieux ceux à qui vous pourrez prêter sans crainte, et *connu de tout le monde,* vous aurez la préférence. Ne vous hasardez pas dans les grandes villes : ce serait pêcher dans l'eau trouble.

Ne *traitez* guère que la *partie* que vous avez vu *traiter* par vos parents. Votre apprentissage commercial sera plus solide et moins coûteux, car on sait presque ce qu'on a toujours vu faire.

N'achetez qu'au COMPTANT, s'il est possible, car dans le commerce, celui qui se fie sur la vente du jour pour faire honneur à ses échéances du lendemain, n'est jamais sûr de pouvoir payer.

Je reviens à vous, estimables propriétaires; gardez-vous surtout de quitter les champs pour la ville; toutes les VEINES INDUSTRIELLES sont épuisées; on se ruine à la ville, on économise à la campagne. La campagne, Messieurs, la campagne!... avec un manoir antique au pied de la colline ignorée, au bord du ruisseau limpide, une femme adorée, un ami toujours le même, un vieux domestique aimant et fidèle comme le dogue qui le suit partout, une religion consolante et pure, quelques occasions de faire le bien, le souvenir, et seulement le souvenir d'un monde trompeur, que faut-il de plus pour être heureux? Le *manoir antique,* pour vous dire la sagesse des anciens jours; *la femme adorée,* pour embellir votre solitude; *l'ami,* pour égayer les jours nébuleux qui succèdent aux jours sereins; *le vieux domestique,* pour vous bénir et vous aimer; *la religion,* pour vous enseigner l'espérance, vous guérir du regret de la vie, et vous apprendre que *la mort du sage est le soir d'un beau jour;* quelques occasions de faire le bien, pour qu'on dise de vous : « Il fut heureux, il devait l'être »; le sourenir, et seulement le souvenir d'un monde trompeur, pour nous rappeler qu'il n'est pas rose sans épine, volupté sans amertume.

CHAPITRE SIXIÈME.

—

Pauvres travailleurs! avec les préjugés de ma position sociale, je serais tenté de vous plaindre; mais vos chansons de la semaine, vos folles joies du dimanche me rassurent... Atrophié par mon oisiveté, fêtes et jours ouvriers, je ne ris jamais que du bout des lèvres. Courbés sous la fatigue du jour, comme le savetier du fabuliste, vous chantez du matin au soir. Le travail est donc quelque chose de plus gai que l'oisiveté. Et pourtant *vivre sans rien faire, se promener la canne à la main*, voilà le rêve de toute votre vie, le but suprême de tous vos efforts. Le moyen de dissiper ce rêve? le moyen de vous faire comprendre que ce point lumineux que vous apercevez sans cesse à l'horizon, n'y brille que pour détourner votre rayon visuel des précipices de tout genre, des embûches de toute espèce qui entrecoupent le chemin de la vie? Ce que j'écris ne vous arrivera pas, ou si cela vous arrive, vous n'aurez ni le temps ni le goût d'en prendre connaissance : voilà ce qui me désole.

Hommes sympathiques si rares aujourd'hui, hommes qui portez au fond du cœur quelques gouttes de cette inépuisable commisération qui apitoyait le Christ, venez à mon secours. Ce que les pauvres déshérités de ce monde ne pourront lire, qu'ils l'apprennent de votre bouche. Répétez à satiété à l'homme des champs que la ville n'est pas un palais enchanté où s'accumulent tous les aises de la vie. Établissez une effrayante comparaison entre ce qu'il quitte et ce qu'il poursuit. Parlez-lui de l'air pur qu'il dédaigne, des sentiers fleuris qu'il abandonne pour l'air empesté de l'impasse boueuse qu'il habitera. Parlez-lui de la mansarde et de la chaumière, rappelez-lui l'eau claire de son ruisseau et la piquette salutaire qu'il

échangera contre le vin frelaté de la hideuse *taverne*, de la
dégoûtante *gargotte*. Comparez la nourriture grossière, il est
vrai, mais abondante et saine, qui ne lui a jamais manqué avec
ces *ratatouilles* ignobles dont chaque *bouchée* lui coûtera quatorze heures de sueur, car il ne s'agira plus comme à la campagne, lorsque le maître tourne le talon, de regarder de quel
côté vient le vent. A la ville, pour courber le travailleur sous
la glèbe, il y a pire qu'un maître, il y a des contre-maîtres.
Indolent bouvier, nonchalent berger, il ne s'agit plus maintenant de journées *tronquées*, mais de journées *complètes*; et
encore n'en obtient pas qui veut. Et lorsque la production dé-
passera la consommation, lorsque la fabrique chômera, lorsque le besoin de bras et d'épaules se restreindra, que devien-
dras-tu au milieu de cet essaim affamé dont le bourdonnement
retentit depuis Lyon jusqu'à Manchester, depuis Londres jusqu'à Paris?... Et si tu échappes à la faim, aux balles et aux
boulets de l'ordre public, échapperas-tu au bagne et à la prison? Et en revenant de subir ta peine, ne seras-tu pas obligé,
partout montré au doigt par le stigmate de la surveillance,
d'opter entre le métier de mendiant et de voleur?

Dans ton village, aux jours des crises alimentaires, sans fa-
çon et sans humiliation surtout, tu aurais pu t'asseoir à la table de l'un, te reposer sur la paille hospitalière de l'autre; à
la campagne, cela ne tire pas à conséquence; à la ville, tu
n'auras pas, si l'eau se vend, un verre d'eau pour rafraîchir ta
langue desséchée, une pierre pour reposer ta tête, car la police te disputera jusqu'à la borne du chemin. Et sur le soir de
la vie, invalide sans hôtel, vétéran sans retraite, vieux vaga-
bond sans asile, le brancard de la salubrité publique te ramas-
sera au fond de quelque cul-de-sac pour te livrer aux expériences médicales, d'un amphithéâtre où ton pauvre chien lui-
même ne t'accompagnera pas, car il aura fini de souffrir avant
toi. Serais-tu allé ainsi à l'humble cimetière de ton hameau?

Lecteur sérieux qui parcourez ces lignes, faites comme moi :
suppliez Dieu d'enseigner à ceux qui nous gouvernent le
moyen de déverser sans secousses le trop-plein des villes sur
les campagnes; là gît peut-être la GRANDE DIFFICULTÉ de l'épo-

que. Tout en rendant justice à Colbert, portez Sully au Panthéon. Qu'est-ce, en effet, que *l'industrie* sans *l'agriculture* qui l'alimente?

Robustes et gais enfants de la chaumière, à vos frères étiolés de la mansarde les *ciseaux* et le *tranchet*; à vous la *fourche* et le *hoyau*. Je vous l'ai déjà dit: l'air qu'on respire à la ville est insuffisant pour vos larges poumons, et la nourriture qui empêche tout juste de mourir de faim l'ouvrier sédentaire de l'échoppe et de la boutique, vous donnerait à peine assez de force pour venir mourir au pays.

Et vous, paysannes rebondies, rosières qu'on ne respecte qu'au hameau, que venez-vous chercher ici? la fortune, l'aisance, comme *Fanchon la vielleuse?* Mais nous ne sommes plus au siècle où l'on s'enrichissait en ne vendant que des chansons!...

Le déclassement social est surtout dangereux pour la femme, fleur délicate qu'un souffle flétrit; il l'isole de ses protecteurs naturels, de sa mère dont elle a tant besoin, jusqu'à ce qu'un époux la protège de son nom, la nourrisse et l'habille de son travail.

Pauvre et belle enfant! Le *tour de France*, qui est un bien douteux pour tes frères, est toujours un mal pour toi. Jusqu'à 40 ans, s'il le faut, n'abandonne pas le tablier de ta mère; le vice ne viendra pas te chercher jusque là; et si tu as fait la folie de la quitter et que le chômage et la faim s'impatronisent obstinément dans ta chambrette, appelle, comme une vierge que j'ai connue, appelle un dernier *hôte* à ton secours: le CHOLÉRA. Dans ses bras décharnés, du moins, sur son sein livide, tu n'auras plus à craindre pour ton bonheur.

Hommes de cœur qui lirez ceci, je vous adjure encore une fois à deux genoux et les mains jointes, de vulgariser par tous les moyens possibles la substance de cet avant-dernier chapitre.

CONCLUSION.

J'ai signalé le mal. Pour en ralentir les progrès, prêtres dans vos chaires, écrivains dans vos livres, orateurs à la tribune, signalez à votre tour de mille manières les DANGERS QUE COU-RENT PRESQUE TOUJOURS CEUX QUI VEULENT S'ÉLEVER AU-DES-SUS DE LEUR CONDITION. Poètes, placez la réalisation de vos rêves de bonheur à la campagne.

Peintres, que l'histoire de la méchanceté et de la corruption des villes cède la place sur vos toiles à de pittoresques et frais paysages, à de morales et touchantes scènes rustiques qui en-gagent l'homme à préférer la vie paisible des champs à la vie tourmentée des villes.

Hommes d'État, n'abandonnez plus l'agriculture à elle-même, si vous ne voulez pas que le campagnard vienne aug-menter le nombre de ceux qui vous causent déjà tant d'em-barras.

Et vous à qui nous confions nos enfants, pour nous les ren-dre meilleurs et plus *judicieux*, ne les bercez plus de folles espérances; étudiez leurs capacités, conseillez-leur à temps de s'arrêter, et s'ils ne vous écoutent pas, montrez-vous sévères, impitoyables pour les *incapables*. Le diplôme du licencié reçu avec *quatre boules rouges* a la même valeur que celui du licen-cié reçu avec *quatre boules blanches*. Peu importe de quelle manière l'incapable est REÇU, avec son parchemin et des pro-tections, il évincera souvent et réduira au désespoir le candi-dat capable. Votre *indulgence* d'examinateur aura des consé-quences bien autrement terribles que vous ne vous l'étiez ima-giné.

Excellents professeurs, vos sympathies et vos vœux accom-pagnent dans le monde l'élève de mérite dont les progrès adou-cissaient pour vous les fatigantes occupations du professorat; et cependant, lorsqu'il se croira près du but, votre jeune lau-réat se verra barrer le chemin par tous les *porteurs de diplôme* que votre faiblesse aura lancés sur la même route. A l'école, on fait justice des sots; dans le monde, on les préfère. Si vos *boules noires* avaient écarté les sots, vous auriez doublé pour l'homme de talent les chances de réussite, et vous n'auriez pas été la cause première de ces scandaleuses promotions qui découragent l'homme de cœur et attristent les gens de bien.

Dernier appel à tous ceux que j'ai suppliés de me seconder. Le déclassement social ne fait pas seulement le malheur du pauvre, il trouble et désenchante la vie du riche. Opposez au fléau qui s'étend, à mesure que le génie de Prométhée donne tous les jours des ailes plus rapides à l'esprit et au corps, opposez le goût de la vie sédentaire, l'amour du foyer domestique, car c'est là plutôt qu'ailleurs que le bonheur aime à s'asseoir ; oui, c'est aux souvenirs touchants que réveille la pierre du foyer que s'éteignent ces velléités vagabondes du pigeon de Lafontaine ; c'est dans le cercle du rayon visuel que décrit le toit paternel que les époux nouveaux se disent les choses les plus tendres ; c'est sur la pelouse héréditaire que la mère essaie avec le plus de délices les premiers pas de ses enfants ; c'est dans les bosquets et les jardins de la famille que les amants soupirent les plus chastes amours ; c'est autour de la table des aïeux que se font les plus longs repas ; c'est parmi les siens, en un mot, qu'on savoure les joies les plus profondes, les sensations les plus délicates. Êtes-vous triste ?... un sourire de l'épouse, un baiser de l'enfant, dissipent le nuage. Quelque vive contrariété est-elle venue te surprendre, ô jeune mère, dans les nouvelles phases de ta vie ?... prends ton enfant sur les genoux, passe les doigts dans les blondes tresses de ses cheveux et regarde-le sourire. Le malheur a-t-il franchi le seuil de ta maison ?... fille tendre, suspends-toi au cou de ta mère ; fils aimant, presse ton père contre ton cœur ; et vous, pauvres orphelins, qu'une triste destinée a sevrés du baiser paternel et maternel, grandissez dans l'indissoluble étreinte du lierre et de l'ormeau, et tenez-vous lieu les uns aux autres de ce que la mort vous a ravi.

Et vous à qui les étourdissantes préoccupations de la vie de garçon ont longtemps fait oublier la famille, oncles de France et d'Amérique, rentrez dans le giron familial. Pestez, jurez, sacrez si telle est votre noble habitude ; mais n'oubliez pas vos neveux et vos nièces. *Le lait de poule et le bonnet de nuit de toutes les* BABETS *du monde ne valent pas l'empressement respectueux de la fille de votre sœur, du fils de votre frère.* Au milieu des ambitieuses préoccupations de ce siècle besogneux, riches, si vous les abandonnez, retrouverez-vous jamais les joies que je viens de décrire ?

www.ingramcontent.com/pod-product-compliance
Lightning Source LLC
Chambersburg PA
CBHW060818280326
41934CB00010B/2739